Cheri Huber ○ Melinda Guyol

Aus Liebe zu den Kindern

Cheri Huber
Melinda Guyol

Aus Liebe zu den Kindern

Gut für sich selbst sorgen und achtsam erziehen

Kösel

Übersetzung aus dem Amerikanischen
von Karin Petersen, Berlin

Die Originalausgabe erschien unter dem Titel
»Time-Out for Parents: A Guide to Compassionate
Parenting« bei Keep it Simple Books/Murphys, USA

FSC
Mix
Produktgruppe aus vorbildlich
bewirtschafteten Wäldern und
anderen kontrollierten Herkünften

Zert.-Nr. SGS-COC-1940
www.fsc.org

Verlagsgruppe Random House FSC-DEU-0100
Das für dieses Buch verwendete FSC-zertifizierte Papier München Super
liefert Mochenwangen.

Umschlag: 2005 Werbung, München
Umschlagmotiv: Jade Lee, Getty Images
Druck und Bindung: GGP Media GmbH, Pößneck
Printed in Germany
ISBN-10: 3-466-30725-2
ISBN-13: 978-3-466-30725-8

www.koesel.de

Für alle Kinder,

die sind,

waren

und sein werden

INHALT

EINLEITUNG

Als Zen-Meditationslehrerinnen bringen wir Menschen bei, in Stille vor einer leeren Wand zu sitzen. Der Grundgedanke dabei ist, dass wir lernen, abzuschalten, damit sich Geist und Körper beruhigen können und unsere Aufmerksamkeit feiner wird. Durch diese Praxis können wir erfahren, wer wir wirklich sind, und unsere wahre Natur, unsere Essenz, Gott erleben. Variationen dieser Praxis finden wir in allen großen Religionen im Verlauf unserer Geschichte.
Um ihr Verhalten in den Griff zu kriegen, werden wütende Kinder oder Kinder, die sich daneben benehmen, manchmal isoliert und allein in ein leeres Zimmer geschickt, damit sie still sind, und hin und wieder müssen sie sogar still in der Ecke stehen. Diese Methode findet immerhin schon so lange Anwendung, dass heute Schülerinnen und Schüler zu uns kommen, die es als Strafe empfinden und sich als »schlechte« Menschen fühlen, wenn wir sie bitten, in der Meditation still für sich zu sitzen.

Nach unserer Erfahrung konzentrieren sich die Diskussion und die Literatur über Elternverhalten sehr stark auf den Austausch zwischen Eltern und Kindern und auf die Frage, wie man ein Kind dazu bringen kann, sich zu benehmen. Wir sind der Meinung, dass

dabei ein entscheidender Aspekt vernachlässigt wird: der innere Prozess der Eltern.
In diesem Buch geht es darum, eine andere Sichtweise zu gewinnen. Statt Kinder zu bestrafen, sie wegzuschicken oder zu isolieren, wollen wir uns selbst freie Zeit gönnen, um unsere eigenen Bedürfnisse und unser eigenes wahres Selbst zu entdecken. Dann haben wir alles, was WIR brauchen, um unseren Kindern zu geben, was SIE brauchen.

SIE KÖNNEN IHREM KIND
NICHTS GEBEN,
WENN SIE SICH SELBST NICHTS
GEBEN KÖNNEN!

Wir hoffen, dieses Buch vermag Ihnen zu zeigen, warum das so ist, und wird Ihnen Mut machen, Ihren Kindern und sich selbst als Eltern mit mehr Mitgefühl zu begegnen.

In liebevoller Freundlichkeit

Cheri und Melinda

DIE GESCHICHTE VON JAN UND ALEX *

»Inzwischen war es soweit gekommen, dass ich mich täglich davor fürchtete, meine fünfjährige Tochter Alex aus der Kindertagesstätte abzuholen. Ich war angespannt und erschöpft von all dem Druck in der Arbeit und auf der langen Fahrt, und jeden Abend erwartete mich ein schlecht gelauntes, müdes, hungriges Kind. Oft hatte ich den Eindruck, ihr Lebensinhalt war vor allem dieses: dafür zu sorgen, dass ich mich noch elender fühlte.

Ich versuchte es mit all den Dingen, die ich Eltern so hatte sagen hören.

›Hör auf zu quengeln!‹

›Wir sind in fünf Minuten zu Hause, also hör jetzt auf damit!‹

›Wenn du so weitermachst, kriege ich Kopfschmerzen.‹

Nichts von dem, was ich Alex sagte, verbesserte die Situation. In Wirklichkeit vermittelte ich ihr die Botschaft, dass ihre Gefühle nicht in Ordnung waren.

---

* Sie werden Jan und Alex in diesem Buch noch häufiger begegnen.

Ich fürchtete das Quengeln und Weinen meiner Tochter so sehr, dass ich mich verhärtete und es an mir abprallen ließ oder ihr drohte, sie allein in ihr Zimmer zu schicken. Wenn meine Worte keinerlei Wirkung auf ihr Verhalten zeigten, hatte ich das Gefühl, die Kontrolle zu verlieren, und versuchte mich zu retten, indem ich lauter wurde, was mir das Gefühl gab, die Beherrschung verloren zu haben. Ich fühlte mich erledigt, unfähig und als schlechte Mutter. Oft endete der Tag mit Kopfschmerzen und damit, dass ich meine Tochter anschrie, woraufhin sie zurückschrie und weinte.
Ich versuchte Alex zu erklären, welches Verhalten nicht in Ordnung war, wie zum Beispiel quengeln, mich anschreien und bockig zu sein. Weil ich aber so müde und angespannt war, schrie und quengelte ich dabei meistens selbst! Wenn diese Versuche, ihr zu erklären, wie richtiges Benehmen aussieht, nichts bewirkten, fiel mir oft nichts anderes mehr ein, als im Auto Süßigkeiten bereitzuhalten, was mir Schuldgefühle machte und Alex den Appetit auf das Abendessen verdarb.
Ich suchte verzweifelt nach Möglichkeiten, unser Leid zu beenden, wusste aber nicht, wie ich das anstellen sollte. Ich schaute mich immer nur außen nach Lösungen um. Ich hatte überhaupt keine Reserven mehr, um ruhig, liebevoll und mitfühlend zu sein.«

WAS WIR UNS FÜR UNSERE KINDER WÜNSCHEN

Der Erziehungsweg, den wir hier vorschlagen, geht davon aus,

DASS WIR UNS FÜR UNSERE KINDER WÜNSCHEN,
DASS SIE GLÜCKLICHE,
ERFÜLLTE ERWACHSENE WERDEN,
DIE AN DEN HERAUSFORDERUNGEN DES
LEBENS WACHSEN UND SICH MIT IHREM LEBEN
UND MIT SICH SELBST GUT FÜHLEN.

Bei unserer Arbeit mit Menschen, die meditieren lernen, ist uns jedoch in zunehmendem Maße bewusst geworden,

DASS WIR UNSERE KINDER, OHNE ES ZU WOLLEN,
ZU BEFANGENEN, EMOTIONAL UNTERDRÜCKTEN
WESEN HERANZIEHEN, DIE GLAUBEN,
GRUNDSÄTZLICH SCHLECHTE MENSCHEN ZU SEIN.

Was wir für unsere Kinder wollen
und wie sie sich tatsächlich entwickeln,
klafft deswegen so stark auseinander,
weil Kinder mehr durch das lernen,
was wir TUN
und wie wir SIND,
als durch das,
was wir SAGEN.

Kinder lernen durch unser Vorbild, und wir als Vorbilder geben an sie weiter, was wir als Kinder gelernt haben.

Wenn wir Kindern das Geschenk machen möchten, als Erwachsene glückliche, verantwortungsbewusste und wirklich lebendige Menschen zu sein, müssen wir zuerst einmal selbst so leben.

»Ja, aber ich kann mir keine Zeit für mich nehmen. Die Bedürfnisse der Kinder kommen an erster Stelle.«

Dieser weit verbreiteten Überzeugung halten wir folgende Beobachtung entgegen, die Sie an Bord eines Flugzeugs vermutlich selbst schon gemacht haben:

Wenn die Stewardess bei der Ansage der Sicherheitsmaßnahmen vor dem Start zeigt, wie Sauerstoffmasken aus den Fächern über den Köpfen der Passagiere fallen, lautet die Anweisung:

»Ziehen Sie bitte zuerst die eigene Maske über Mund und Nase. Dann erst helfen Sie mitreisenden Kindern.«

Die Botschaft ist klar. Wenn Sie nicht mehr leben, können Sie nicht dafür sorgen, dass Ihr Kind am Leben bleibt. Eltern, deren Bedürfnisse nicht erfüllt werden, haben kaum noch Kraft für ihre Kinder übrig. Und um lebendig zu bleiben, müssen wir uns selbst auf eine neue Art und Weise Aufmerksamkeit schenken.

Beim Lesen dieses Buches bitten wir Sie an bestimmten Punkten immer wieder darum, innezuhalten:

STOP

Machen Sie eine PAUSE, nehmen Sie sich eine AUSZEIT, um für sich, für Ihren Atem und Ihre Gefühle präsent zu sein und diesen Moment bewusst zu erleben.

Das ist für jeden von uns die wirkungsvollste

AUSZEIT,

die wir uns gönnen können.

STOP!

Nehmen Sie sich einen Moment Zeit, um einfach bei sich zu SEIN. Richten Sie Ihre Aufmerksamkeit auf den Atem. Nehmen Sie ein paar langsame, tiefe Atemzüge und achten Sie darauf, wie es ist, präsent zu sein für die Gedanken, Emotionen und Empfindungen, die Sie im Augenblick erleben.

Während Sie atmen, erlauben Sie Ihrer Aufmerksamkeit mit Ihrem Atem in den Körper zu wandern. Fühlt Ihr Körper sich verkrampft an? Oder entspannt? Fragen Sie sich: »Was fühle ich?« Nehmen Sie wahr, wie Sie die Antwort auf diese Frage finden. Wohin schauen Sie, um Ihre Gefühle zu spüren?
Achten Sie auf Ihre Gedanken. Wie lauten sie? Ist Ihnen bewusst, dass verschiedene Seiten in Ihnen unterschiedliche Dinge sagen?

Seien Sie einfach in diesem Moment präsent und nehmen Sie wahr.

MIT SCHWIERIGEN EMOTIONEN UMGEHEN

In diesem Buch konzentrieren wir uns immer wieder auf Emotionen. Unsere Emotionen, unsere Gefühle, sind nicht etwas, was wir durchstehen, überwinden, hinter uns bringen oder wovor wir fliehen müssten. Unser Gefühlsleben ist, wer wir sind. Wir sind fühlende Wesen. Wenn wir fühlen, wissen wir, dass wir lebendig und menschlich sind.

Nach unserer Erfahrung führt die Sozialisierung von Kindern (die im Grunde darin besteht, ihnen beizubringen, nach außen statt nach innen zu schauen, um zu erfahren, wie sie etwas erleben) dazu, dass sie ihre Gefühle verdrängen und sich als Erwachsene schlecht fühlen und Schuldgefühle haben, wenn ihnen eine Emotion entschlüpft. Die wichtigste Botschaft an sie scheint zu sein:

Ein erwachsener Mensch sollte sich
unter Kontrolle haben.
Du kannst dich nicht unter Kontrolle haben,
wenn du emotional bist.

Schlussfolgerung:
Sieh zu, dass deine Emotionen verschwinden,
denn Emotionen gefährden die Kontrolle.
Emotionen gefährden deine Fähigkeit,
der Mensch zu sein,
der du sein solltest!

Oder, wie das Kind es lernt:

ETWAS ZU FÜHLEN IST SCHLECHT.

WENN WIR UNSERE GEFÜHLE
VOR KINDERN VERSTECKEN,
LERNEN SIE:

ALS ERWACHSENER
WERDE ICH MEINE GEFÜHLE
VERSTECKEN MÜSSEN,
DENN DAS IST ES,
WAS ERWACHSENE TUN.

Überlegen Sie einmal, welche allgemein üblichen Botschaften Sie aus Ihrer Kindheit erinnern und wie oft Sie diese möglicherweise an Ihre eigenen Kinder weitergegeben haben.

Ein Junge weint nicht.

Ein so großes Mädchen weint doch nicht.

Hör auf zu weinen. Du hast keinen Grund zu weinen.

Hab keine Angst. Es gibt nichts, wovor du dich fürchten müsstest.

Sei nicht so schüchtern.

Hör auf, dir selbst leidzutun.

Du kannst keinen Hunger haben, du hast doch gerade erst etwas gegessen.

Du führst dich nur so auf, weil du Aufmerksamkeit haben willst.

Mit solchen Botschaften verleugnen und negieren wir die Erfahrungen des Kindes. Vielleicht ist das nicht unsere Absicht, trotzdem sagen wir dem Kind: »Du sollst deine Gefühle nicht haben. Du sollst nur Gefühle haben, die mir passen« oder »Sei nicht, wer du bist. Sei so, dass du mir gefällst«.

Oft haben Eltern Schuldgefühle, weil sie solche Botschaften vermitteln. Aber bitte,

SCHULDGEFÜHLE SIND HIER ABSOLUT FEHL AM PLATZ.

Schuldgefühle sind hier nicht das Thema – das ginge völlig an der Sache vorbei.

Statt sich schuldig zu fühlen, sollten Sie sich einmal anschauen, dass Sie Ihr Kind wahrscheinlich genauso behandeln, wie Sie als Kind behandelt wurden.

BEDENKEN SIE,

DASS SIE IHR KIND

WAHRSCHEINLICH GENAUSO

BEHANDELN,

WIE SIE ALS KIND

BEHANDELT WURDEN.

UND GENAUSO

GEHEN SIE

MIT SICH SELBST UM.

Wenn Ihr Kind einen Wutanfall bekommt und Sie das wütend macht, können Sie davon ausgehen, dass die Menschen in Ihrer Umgebung wahrscheinlich ebenfalls wütend reagierten, wenn Sie als Kind einen Wutanfall hatten. In dem Moment, wo Ihnen das bewusst wird, können Sie einen Schritt zurücktreten, die humorvolle Seite der ganzen Sache sehen und spielerischer mit der Situation umgehen, so dass sie sogar Spaß machen kann.

MIT HILFE DIESER ACHTSAMKEIT
KÖNNEN SIE ALTE VERHALTENSMUSTER ÄNDERN
UND GESCHICKTE MITTEL ANWENDEN,
UM ABSTAND ZU GEWINNEN UND
NEUE WEGE EINZUSCHLAGEN.

Beispiele:
Bekommen Sie selbst einen »Wutanfall«. Stampfen Sie mit den Füßen auf und brüllen Sie zum Beispiel: »Das gefällt mir überhaupt nicht! Ich hasse das!« Schreien Sie heraus, was immer Ihre Gefühle in diesem Augenblick ausdrückt.

Spielen Sie Hampelmann und laden Sie Ihr Kind ein mitzumachen. Bitten Sie das Kind zu entscheiden, wie die nächste Bewegung aussehen soll, die Sie beide machen.

Machen Sie sich klar, dass »Wutanfälle« eine Phase sind, die Kinder ziemlich schnell hinter sich bringen. Statt darin ein schreckliches Problem zu sehen, das Sie lösen müssen, können Sie eine AUSZEIT nehmen und sich um sich selbst kümmern. Versuchen Sie herauszufinden, wie Sie in Ihrer Kindheit zu der Schlussfolgerung gelangt sind, dass starke Gefühlsausbrüche problematisch sind.

MITFÜHLENDE ELTERN IN UNSEREM INNEREN FINDEN

Elternsein ist immer dann besonders schwierig, wenn wir feststellen, dass wir uns so verhalten, als wären wir emotional genauso alt wie das Kind. (Und am schlimmsten ist, wenn wir feststellen, dass wir emotional jünger sind als unser Kind!)

Nehmen wir zum Beispiel an, das Kind hat mit seinem Spielzeug und anderen Dingen ein großes Chaos veranstaltet. Wir stellen fest, dass wir frustriert und wütend sind, und rufen: »Warum muss ich immer dein Chaos aufräumen? Warum räumst du nicht mal selbst auf?«
Wenn wir genau hinschauen, wird uns klar: »Ich bin nicht die Mutter/der Vater. Ich bin ein Kind und stehe in Konkurrenz mit dem Kind, dem ich Mutter/Vater sein sollte.« Das ist eine wunderbare Gelegenheit, um einen Schritt zurückzutreten, einen tiefen Atemzug zu nehmen und zu sagen: »Wir haben hier zwei Kinder vor uns und beide brauchen eine Mama/einen Papa.« Es kann sehr hilfreich sein, in dieser Situation für

beide Kinder freundliche, liebevolle, mitfühlende innere Eltern zu finden und von ihnen Zuwendung zu bekommen, statt dass ein kleines Kind ein anderes kleines Kind »bemuttert« oder »bevatert«.

Wenn mit unserem Kind alles gut läuft, finden die meisten von uns leicht Zugang zu diesen freundlichen, liebevollen, mitfühlenden Eltern. Zum Beispiel, wenn wir nach unserem Kind schauen und es schläft wie ein kleiner Engel, oder es hat etwas besonders Süßes, Liebenswertes oder Bewundernswertes getan. In solchen Zeiten wissen wir, dass wir dieses Kind bedingungslos lieben, und empfinden viel Zärtlichkeit, Herzenswärme und Zuneigung.
Geht uns jedoch der Kontakt zu den freundlichen inneren Eltern verloren und wir identifizieren uns mit der Seite in uns, die müde, gestresst, hungrig und emotional wahrscheinlich klein und kindlich ist, verlieren wir das Positive aus den Augen. Wenn wir einen Augenblick innehalten, kann uns das klar werden.

Die freundlichen, liebevollen Eltern
sprechen eine völlig andere Sprache
als die Person, die gestresst und überfordert ist.

Diese beiden Seiten sind in jeder Hinsicht verschieden: Die eine ist entspannt, zugewandt, offen, liebevoll; die andere eng, angespannt, besorgt, nervös und schnell aufbrausend.

Wenn wir erkennen, dass wir diese überforderte, erschöpfte Person sind, oder uns klar wird, dass wir uns wie ein kleines, gereiztes, strafendes, vorwurfsvolles Kind verhalten, können wir damit aufhören, einen tiefen Atemzug nehmen, einen Schritt zurücktreten und uns selbst aus einer umfassenderen Perspektive betrachten.

Wenn wir innerlich klarer sind, kann es eine tiefgreifende Erfahrung sein, ein paar lange, tiefe Atemzüge zu nehmen und uns an die Zeit zurückzuerinnern, als das Kind besonders liebenswert war, eine Zeit, als das Kind uns brauchte und wir für es da waren. Wir können uns daran erinnern, wie wir uns darauf gefreut haben, Eltern zu werden und uns ein Kind wünschten, um es liebevoll großzuziehen. Dann können wir spüren, wie sich unser Herz öffnet.

Genau in dem Moment, wo wir einen Schritt zurücktreten und tief durchatmen, können wir aufhören, das zu glauben, was wir uns selbst einreden: Wie schrecklich und unerträglich das alles ist, dass es so nicht sein sollte und dass wir solche Situationen nicht ausstehen können. Während dieser paar Atemzüge

können wir mit unserem freundlichen inneren Elternteil in Kontakt kommen und den Austausch mit unserem Kind verändern. Wir verändern ihn um des Kindes und um unserer selbst willen.
Wir empfangen beide die Freundlichkeit und Liebe.

Eine andere Möglichkeit, die mitfühlenden Eltern in uns zu finden, besteht darin, uns anzuschauen, wie wir aussehen, wenn wir zum Beispiel unser Kind anschreien. Einfach zurücktreten und uns anschauen, wie wir (in unserer Vorstellung) aussehen. Was fühlt diese Person? Was braucht sie? Wenn wir uns selbst von außen betrachten, finden wir oft zu einer liebevolleren Haltung.

Es ist hilfreich,
immer wieder mit den mitfühlenden Eltern
in Kontakt zu kommen,
nicht nur in stressigen Situationen.
Wenn wir das bei kleineren Anlässen üben,
ist es nicht so schwer,
unsere mitfühlende Seite zu finden,
wenn wir gestresst sind.
Wir haben dann bereits Erfahrung damit,
sie zu finden.

Wenn wir uns eine Auszeit gönnen, können wir uns bewusst mit der liebevollen Seite in uns identifizieren und uns bewusst dafür entscheiden, uns auch unserem Kind gegenüber liebevoll zu verhalten. Wir üben, diesen Raum aufzusuchen, so dass die mitfühlenden Eltern in stressigen Situationen ganz in der Nähe sind.

WENN WIR IN BEWUSSTER,
MITFÜHLENDER ACHTSAMKEIT LEBEN,
LEBEN WIR DAS LEBEN,
DAS WIR FÜR UNS WOLLEN,
UND SIND FÜR UNSERE KINDER VORBILDER
FÜR EIN SOLCHES LEBEN.

Einfach ausgedrückt:

Wir lernen,
für uns selbst die Eltern zu sein,
die wir für unser Kind sein wollen.

Wenn wir diese Eltern sind, haben wir das Gefühl, umsorgt zu sein, und auch unser Kind, unser Partner und alle anderen Menschen in unserer Umgebung fühlen sich umsorgt. Wenn wir uns selbst wieder bedingungslos lieben können, haben wir Zugang zu der freundlichen, mitfühlenden, liebevollen Präsenz, die wir uns für unser Kind wünschen.

Es ist einfach. Wenn wir in bewusster, mitfühlender Achtsamkeit leben, dann sind wir für uns selbst, was wir brauchen, und wir sind für unsere Kinder, was diese brauchen. Wir sind Vorbilder für ein Erwachsenenleben, wie wir es uns für unsere Kinder wünschen und von dem wir hoffen, dass unsere Kinder es auch ihren Kindern vorleben werden.

STOP!

Nehmen Sie sich einen Augenblick Zeit, um sich an ein paar negative Botschaften aus Ihrer eigenen Kindheit zu erinnern. Schreiben Sie diese Botschaften auf. Achten Sie darauf, wie Sie sich fühlen, wenn Sie sich jetzt daran erinnern, wie Ihre Gefühle damals abgewertet oder zurückgewiesen wurden.

ALLES ANDERS MACHEN WOLLEN ALS UNSERE EIGENEN ELTERN

Der Versuch, mit unserem Kind alles anders zu machen, als unsere Eltern es mit uns machten, ist keine Lösung. Wenn wir lediglich dagegen rebellieren, wie unsere Eltern waren, ist das kein freundlicher, liebevoller, gut überlegter Ansatz für unser Elternsein. Wenn wir einfach nur alles anders machen wollen als unsere Eltern, werden wir mit unserer Methode über kurz oder lang scheitern.

Vielleicht hat Ihr Vater Sie oft angeschrien und Sie haben beschlossen: »Ich werde mit meinen Kindern immer sanft sprechen.« So lange alles gut läuft, mag Ihnen das gelingen, doch sobald Sie in Stress geraten, fangen Sie an zu schreien. Und selbst wenn Sie nicht laut schreien, schreien Sie innerlich.

Vielleicht reißen Sie sich, während Ihre Anspannung wächst, immer mehr zusammen und sprechen weiter mit ruhiger Stimme, aber innerlich kreischen Ihre Emotionen.

Wir möchten Sie ermutigen, sich neu zu zentrieren, denn wenn Sie aus dieser Mitte heraus handeln, steht Ihnen in jeder Situation das ganze Spektrum möglicher Verhaltensweisen zur Verfügung.

VIELLEICHT IST ES MANCHMAL GENAU RICHTIG, LAUT ZU SCHREIEN. UND MANCHMAL IST ES GENAU RICHTIG, SANFT ZU SPRECHEN.

EINE FESTE VORSTELLUNG DAVON
ZU HABEN
»WIE-ICH-SEIN-MUSS«
IST EIN SICHERES REZEPT,
UM ZU SCHEITERN –
UND FÜR EIN KIND KEINE GUTE
BOTSCHAFT.

Wir können jede Emotion ganz ausdrücken,
ohne damit die Menschen
in unserer Umgebung aufzubringen.
Das erreichen wir,
indem wir die volle Verantwortung für
unsere Emotionen übernehmen
und sie ganz als unsere eigenen betrachten.

Ich kann ärgerlich werden und herausbrüllen, wie aufgebracht ich bin, mache dabei aber deutlich, dass

ich weiß, das sind MEINE Gefühle,

ich nicht ärgerlich auf dich bin,

ich dir keine Vorwürfe mache,

es nicht dein Fehler ist.

Mit dieser Einstellung kann ich dich sogar dazu »anheuern«, um mir zu helfen, meine Emotionen auszudrücken.

RACHEL UND KEVIN

Als Rachel entdeckte, dass alles, was sie für eine Reise in den Wagen gepackt hatte, durcheinandergebracht worden war und sie nichts mehr finden konnte, gab sie spontan einen lauten Schrei von sich und stampfte frustriert mit dem Fuß auf. Sie warf ihrem vierjährigen Sohn einen schnellen Blick zu, besorgt, ihr Ausbruch könne ihn verängstigt haben, auch wenn er nicht gegen ihn gerichtet war. Zu ihrer Überraschung stellte sie fest, dass er sie lediglich interessiert beobachtete und dann seinen eigenen Beschäftigungen nachging. Offenbar wusste er, dass Mami einfach wütend war – kein Grund zur Angst, nichts, was man verstecken musste. Mami machte einfach ihren Gefühlen Luft.

Es sind nicht bestimmte Emotionen, vor denen Kinder sich fürchten oder von denen sie sich bedroht fühlen. Was ihnen Angst machen kann, ist, wie die Eltern sich fühlen, wenn sie eine bestimmte Emotion zum Ausdruck bringen.
Wenn es für uns als Eltern in Ordnung ist, starke Emotionen zu spüren und zu äußern, ist das für Kinder und andere Menschen in unserer Umgebung meistens auch in Ordnung.

Menschen sind fühlende Wesen, und ein ganzer Mensch zu sein heißt das ganze Spektrum an Emotionen erleben: Glück, Traurigkeit, Kummer, Wut, Freude, Furcht ...

Wenn wir uns die Zeit nehmen, sie zu erforschen und zu erleben, sind Emotionen in unserer inneren Landschaft wie das Wetter in unserer Außenwelt, das von dunkel und stürmisch bis zu ruhig und sonnig reicht.

Sich ständig verändert.
Selten lange gleich bleibt.

Die meisten von uns wurden in dem Glauben erzogen, es gäbe »gute« Gefühle und »schlechte« Gefühle – ähnlich wie »gutes« Wetter und »schlechtes« Wetter. Wir wachsen auf mit der Überzeugung, dass der »erfolgreiche« Erwachsene immer positive Gefühle hat und immer glücklich ist. Ein Mensch, der im Erwachsenenleben versagt, hat schlechte Gefühle, und, was am schlimmsten ist, er kann sie nicht kontrollieren.

Nach unserer Auffassung
ist diese Konditionierung
die Wurzel von Selbsthass.

Zu lernen, dass meine Gefühle schlecht sind, ist dasselbe wie zu lernen, dass ich schlecht bin.
Uns wird von klein auf beigebracht, nichtakzeptable Gefühle zu verstecken, was zur Folge hat, dass wir alle unsere Gefühle unterdrücken. Wir können auf unsere Gefühle einen Deckel packen, aber dabei nicht einzelne auswählen. Wenn wir ein Gefühl ständig verbergen, müssen wir schon bald alle Gefühle verbergen.

Die Folge ist, dass viele von uns als Erwachsene gelernt haben, ihre Gefühle zu unterdrücken und jetzt mit den Schuldgefühlen, der Scham und der Hoffnungslosigkeit zu kämpfen haben, die Depressionen begleiten.

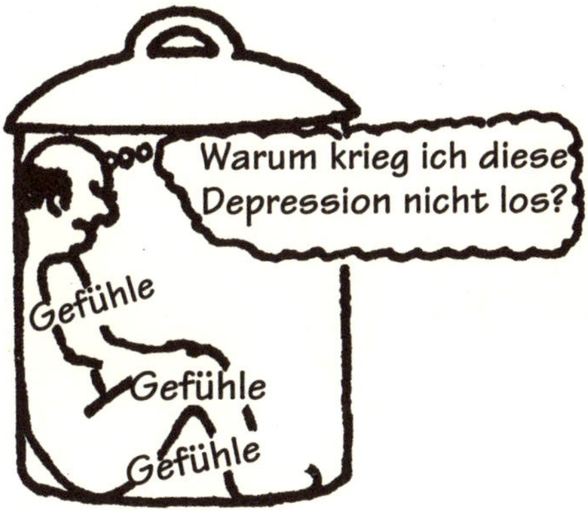

Es ist nicht möglich,

unsere Gefühle zu unterdrücken,

ohne dabei

bedrückt zu werden.

Das lateinische Wort »depressio« bedeutet übrigens »niederdrücken«.

»HILFE, ICH VERLIERE DIE NERVEN«

Irgendwann Anfang der sechziger Jahre fing die Welt an zu begreifen, dass Schläge als Disziplinierungsmaßnahme für Kinder nicht nur Missbrauch sind, sondern auch eine wirkungslose Methode, ihnen »richtiges« Verhalten beizubringen. Man erreicht damit bei den betroffenen Kindern hauptsächlich, dass sie glauben, es sei in Ordnung, andere Menschen zu schlagen. Verhaltenspsychologen begannen damals die Idee zu verbreiten, dass man Kinder aus dem Raum schicken solle, um sie zu disziplinieren, auch Time-out-Methode genannt. Schicke das Kind allein in sein Zimmer, setze eine Zeit fest und erlaube ihm erst dann zurückzukommen und mit dir wieder in Kontakt zu treten, wenn diese Zeit abgelaufen ist oder sein Verhalten sich »gebessert« hat (das heißt, wenn es das, was dich verrückt gemacht hat, abstellt). Wenn Eltern ein Kind auf diese Weise wegschicken, dann oft deswegen, weil sie durch das Verhalten des Kindes an ihre eigenen Grenzen kommen und das Gefühl haben, gleich »die Nerven zu verlieren«, da das Kind offensichtlich völlig »außer Kontrolle« geraten ist.

Aber was heißt »die Nerven verlieren«? Was genau verliert man dabei?

Nehmen Sie sich einen Moment Zeit, um sich daran zu erinnern, wie Sie sich fühlten, als Sie zum letzten Mal glaubten, gleich die Nerven zu verlieren. Was ging da in Ihnen vor? Wie fühlte Ihr Körper sich an? Was haben Sie zu sich gesagt?

Die Eltern haben das Gefühl, ihnen ist die Kontrolle entglitten. Sie brauchen eine Pause und schicken das Kind weg. Wenn das Kind weg ist, hat der Erwachsene das GEFÜHL, wieder mehr Kontrolle zu haben. Das SCHEINT zu funktionieren.

Die Vorstellung, die Kontrolle zu verlieren, beruht auf der Annahme, die Kontrolle zu haben. Und aufgrund eben dieser Annahme kommt es zum Zusammenbruch.

Eltern verlieren die Kontrolle,
weil sie glauben,
sie müssten die Kontrolle haben.

Aber Kontrolle ist eine Illusion. So etwas wie Kontrolle gibt es überhaupt nicht, nur den äußeren Anschein von Kontrolle, der gewahrt wird, indem wir unsere Gefühle unterdrücken und unsere Emotionen wegschieben.

Der wirkliche Verlust passiert lange, bevor wir das Gefühl haben, gleich die Nerven zu verlieren.

Der wirkliche Verlust besteht darin,
dass wir nicht mehr die volle Bandbreite
unserer Gefühle erleben.

Wenn ein Erwachsener das Gefühl hat, gleich die Nerven zu verlieren, geht es in Wirklichkeit darum, dass die Gefühle, die immer da sind und die er bislang unterdrückt hat, hervorzubrechen drohen,

sodass sie sichtbar werden
und er sie bewusst spürt.

Wir sind konditioniert, GLÜCKLICH ZU SEIN. Wenn wir glücklich sind, glauben wir »richtig« zu sein. Das heißt auch, dann wir sind »gute« Menschen.

Sind wir aber traurig, wütend, verwirrt oder ängstlich, glauben wir »falsch« zu sein. Das heißt, wir sind »schlechte« Menschen.

Und so lernen wir, unsere Gefühle zu mäßigen. Wir möchten auf keinen Fall »die Kontrolle verlieren«, was als kindisch gilt.

Dahinter steht die Überzeugung,
dass wir schlechte Menschen sind,
wenn uns Gefühle überwältigen,
also lernen wir meisterhaft,
rationale Gründe dafür zu finden,
keine Gefühle zu haben.

Deswegen bringen »gute« Eltern ihrem Kind bei:

REISS DICH IMMER ZUSAMMEN.

Und wenn es dann
unweigerlich dazu kommt,
dass Eltern die Nerven verlieren,
explodieren und Schuldgefühle haben,
ziehen sie daraus den Schluss:

»Ich bin eine schlechte Mutter/
ein schlechter Vater.«

JAN UND ALEX (FORTSETZUNG)

»Es ist mir nie in den Sinn gekommen, in mich zu gehen und mich zu fragen, welche meiner eigenen Bedürfnisse nicht erfüllt werden.
Mir war nicht klar, wie müde und erschöpft ich war – dass ich tatsächlich überhaupt keine Kraft für Alex übrig hatte.
Ich empfand ihr Verhalten als persönlichen Angriff auf mich, und unser Austausch artete zu einem Machtkampf aus.«

STOP!

Gehen Sie einen Moment nach innen und achten Sie auf Ihren Atem. Ist Ihnen bewusst, dass Sie atmen? Geht Ihr Atem langsam, schnell, gleichmäßig, unregelmäßig, flach oder tief?

Was genau fühlen Sie in diesem Augenblick?
Woran erkennen Sie, dass Sie fühlen?
Wo haben Sie hingeschaut, um eine Antwort auf diese Frage zu finden?

Das Gefühl, gleich die Nerven zu verlieren, ist ein Geschenk. Es ist ein Signal dafür, dass ein Bedürfnis vernachlässigt wird.

Wir können es mit nagendem Hunger vergleichen. Wenn Sie wirklich hungrig sind, denken Sie nicht, dass Sie die Nerven verloren haben. Vielleicht wissen Sie, dass es nicht besonders gut für Sie ist, so hungrig zu werden, weil Sie dann dazu neigen, Ihr Essen herunterzuschlingen, das Falsche zu essen, zu viel zu essen ...

Das ist keine gute Methode.

Aber sind Sie ein schlechter Mensch, weil Sie zugelassen haben, dass Ihr Hunger so groß wird?

Nein, natürlich nicht.
Sie haben lediglich das Gespür für Ihren Körper verloren.

Wenn Sie an einen Punkt gelangen, wo Sie vor Wut oder Frustration losschreien, sind Sie dann ein schlechter Mensch?

Nein. Sie sind lediglich nicht in Kontakt mit Ihren Gefühlen und Bedürfnissen.

Losschreien ist also in Hinsicht auf Ihre Emotionen das Gleiche, als wären Sie total hungrig und schlängen Ihr Essen herunter.

Wenn ein grundlegendes Bedürfnis zu lange unerfüllt bleibt, werden unsere Reaktionen

RIESIG.

Da schreien Sie also los und sagen zu sich:
»Na, JETZT bin ich ganz bestimmt in Kontakt mit meinen Gefühlen!«
Halten Sie inne und fragen Sie sich:

> »Was ist passiert, kurz bevor ich angefangen habe zu schreien?«
>
> »Hätte mir das schon früher auffallen können?«
>
> »Welche Signale haben mir gezeigt, dass ich gleich wütend werde?«

Mit zunehmender Übung können Sie diese Signale immer früher wahrnehmen.

SUSAN UND PHILIP

Susan erzählte von dem Nachmittag, an dem sie den Kühlschrank an seinen neuen Platz in der Küche schob, um zu entdecken, dass sie dabei ein Stück von dem gerade neu verlegten Linoleum abgerissen hatte. Sie ärgerte sich, fuhr aber fort, die Küche weiter einzuräumen, bis ihr vierjähriger Sohn Philip anfing, in seiner kleinen Tischlerwerkstatt auf den Pflöcken herumzuhämmern. Und er hämmerte. Und hämmerte. Susan ertappte sich dabei, wie sie ihn anschrie: »Hör mit diesem entsetzlichen Krach auf! Davon kriege ich Kopfschmerzen!« Als sie sich so schreien hörte, machte sie eine Pause und ihr wurde sofort klar, dass sie Philip anschrie, weil sie sich in Wirklichkeit über das beschädigte Linoleum ärgerte. Philip spielte einfach Tischler, und an den meisten anderen Tagen hätte sie ihn darin bestätigt mit Kommentaren wie: »Das macht aber Spaß, was?« Aber heute hatte sie die Gefühle von Traurigkeit, Ärger und Enttäuschung über den beschädigten Linoleumfußboden unterdrückt und Philips Hämmern als nächstbesten Anlass genommen, um sie herauszulassen.

»Die Kontrolle verlieren«
heißt in Wirklichkeit,
Gefühle zu bemerken,
die wir vernachlässigt haben
und die jetzt nicht mehr
ignoriert werden wollen.

ENTSCHEIDEND IST,
WAS IN UNS ABLÄUFT,
BEVOR WIR
»DIE NERVEN VERLIEREN«.

STOP

Nehmen Sie sich einen Augenblick Zeit und erlauben Sie Ihrer Aufmerksamkeit, sich entspannt auf Ihren Atem zu richten. Wenn Sie wahrnehmen, dass bestimmte Körperteile verspannt sind, lassen Sie einfach Ihren Atem dorthin fließen, so dass Sie beim Ausatmen spüren, wie sich die Anspannung löst. Fragen Sie sich still: »Welche Gefühle ignoriere oder vermeide ich?«

Es ist in Ordnung,
die Nerven zu verlieren.
Das ist eine Möglichkeit,
mit Ihren Gefühlen in Kontakt zu kommen.

Sie brauchen deswegen
keine Schuldgefühle zu haben.
Ein Kind großzuziehen kann schwer sein.

Gehen Sie freundlich
und nachsichtig mit sich um,
so wie Sie mit Ihrem Kind
oder einem anderen geliebten Menschen
umgehen würden.

Es ist ganz natürlich, dass wir Gefühle vermeiden, wenn sie uns unangenehm sind.
Wir brauchen Übung, um mit ihnen in Kontakt zu kommen, und noch mehr Übung, sie so zu akzeptieren, wie sie sind.

Ein Schritt nach dem anderen,
mehr ist nicht nötig,
und Sie sind bereits auf dem Weg.

DER LAUFENDE KOMMENTAR IN IHREM KOPF

Nehmen Sie ihn wahr,
akzeptieren Sie ihn
und lassen Sie ihn los.

Wir haben uns bislang auf Emotionen konzentriert, die wahrscheinlich der schwierigste Aspekt des Elternseins sind. Ein weiterer Aspekt, den wir uns bewusst machen können, ist

»der laufende Kommentar«.

Der laufende Kommentar sind die Gedanken, die unser Verhalten in unserem Kopf begleiten. All die Sätze, die uns erzählen, was Dinge bedeuten und was passieren wird. Meistens beruhen diese Geschichten auf Angst und lösen Stress und Befürchtungen in Hinsicht auf unser Elternsein aus.

Der laufende Kommentar beruht auf Überzeugungen, Annahmen, Normen, Urteilen, Idealen, Sorgen, Vorurteilen und ähnlichen Vorstellungen, die man uns als Kindern beigebracht hat und die wir nie auch nur ansatzweise in Frage gestellt haben. Mit diesem Gepäck, dieser Konditionierung treten wir unsere Elternschaft an und wundern uns, dass wir so zu kämpfen haben.

Solange wir nicht bereit sind, innezuhalten und uns die endlos laufenden Kommentare bewusst anzuhören, hat unsere Konditionierung uns im Griff, denn wir glauben, was sie uns erzählt. Treten wir aber einen Schritt zurück und beobachten den laufenden Kommentar, statt ihn zu glauben, verliert er seine Macht über unser Leben.

Ein entscheidender Aspekt,
um unseren Kindern gute Vorbilder
für erwachsenes Verhalten zu sein,
besteht darin,
dass wir lernen,
dem laufenden Kommentar in unserem
Kopf nicht zu glauben.

Nehmen wir zum Beispiel an, eines Ihrer Kinder ist krank und bleibt zu Hause, statt in die Schule zu gehen. Der »laufende Kommentar« besteht aus all dem, was die Konditionierung Ihnen in dieser Situation einredet: Was das bedeutet, wie dieser Umstand Ihren Tag kaputtmacht, dass Sie die Dinge auf Ihrer To-do-Liste nicht erledigen können, keine Zeit für sich haben werden ... wie immer diese Kommentare für Sie lauten mögen. Tatsache ist, Ihr Kind ist krank. Punkt. Der laufende Kommentar hat nichts mit den tatsächlichen Ereignissen zu tun. Er ist hauptsächlich darauf aus, dafür zu sorgen, dass Sie sich – wie? – fühlen: Überfordert? Verzweifelt? Ängstlich? Frustriert? Schuldig? ...?

Der laufende Kommentar ist ein überflüssiges Anhängsel der eigentlichen Tatsachen. »Ich bin müde. O nein, was, wenn ich wegen meiner Tochter wieder mitten in der Nacht aufstehen muss? Dann bekomme ich nicht genug Schlaf und bin morgen noch müder. Das wird eine schreckliche Woche ...« Tatsache ist, dass ich müde bin. Der laufende Kommentar ist alles, was dann folgt.

Es ist erstaunlich einfach, Kindern das beizubringen, was wir hoffen, ihnen beizubringen:

Wir müssen lernen, so zu SEIN – so zu leben –, wie sie sein sollen. Wir müssen anfangen herauszufinden, wer WIR unter den Schichten der sozialen Konditionierung, mit der wir unser ganzes Leben gelebt haben, wirklich sind.

WIE SOLL IHR KIND ALS ERWACHSENER SEIN?

Möchten Sie, dass Ihr Sohn, Ihre Tochter ein unterdrückter Mensch wird, angespannt und ängstlich? Wenn Sie Ihr Kind zu solch einem Erwachsenen großziehen möchten, verhalten Sie sich ihm gegenüber einfach genauso.
Wenn Sie sich ein Kind wünschen, dem das ganze Spektrum seiner Emotionen zur Verfügung steht, müssen Sie sich selbst das ganze Spektrum Ihrer Emotionen erlauben.

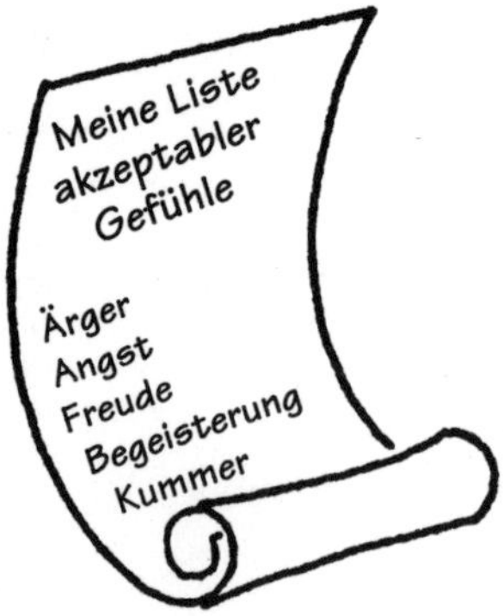

Wenn Ihnen das erst einmal möglich ist und Sie wissen, dass Emotionen willkommen geheißen statt unterdrückt werden wollen, lernt Ihr Kind, sich genauso zu verhalten.

Sie müssen sich dem inneren Kind
in Ihrem erwachsenen Selbst
zuwenden,
bevor Sie sich dem Kind
zuwenden können,
das Sie großziehen.

Natürlich können wir uns den Luxus nicht leisten, die Betreuung unserer äußeren Kinder zu vernachlässigen, während wir lernen, gut für unser inneres Kind zu sorgen.
Wir müssen für beide Kinder gleichzeitig da sein.

Das ist eine weitere Gelegenheit,
Vorbild für den Menschen zu sein,
der Ihr Kind als Erwachsener sein soll:

indem Sie sich selbst
ebenso viel Zuwendung geben
wie anderen Menschen.

SICH EINFÜHLEN

Stellen Sie sich einmal einen Säugling vor mit seinen grundlegenden Bedürfnissen. Wenn wir ihn schreien hören, lauschen wir einen Augenblick, um herauszufinden, welches Bedürfnis er zum Ausdruck bringt. Hat das Baby Hunger? Ist es müde? Ist seine Windel nass? Hat es Schmerzen? Braucht es Gesellschaft? Wir fühlen uns so genau wie möglich ein, um herauszufinden, welches Bedürfnis das Kind äußert, und versorgen es dann mit Nahrung, einer frischen Windel, Zärtlichkeiten – was immer das Kind beruhigt und tröstet.

Was, wenn wir uns in
UNSERE EIGENEN BEDÜRFNISSE
genauso einfühlen würden
und genauso motiviert wären,
sie zu erfüllen?

Was, wenn wir ein Bedürfnis wahrnehmen (das Schreien hören), uns genau einfühlen würden in das, was sich da meldet (Ärger, Überforderung, Verletztsein, Traurigkeit, Angst?), und auf das Bedürfnis eingehen?

OFT REICHT ES VÖLLIG AUS, WENN WIR UNS DAS BEDÜRFNIS EINFACH EINGESTEHEN UND ES AKZEPTIEREN:

wenn wir ihm unsere ungeteilte Aufmerksamkeit schenken und ihm erlauben, da zu sein. So könnten wir zu der unglücklichen Seite in uns sagen: »Oh, du bist traurig. Nun, was würde dir denn im Augenblick helfen?« oder »Was macht dich traurig?«

STOP

Fragen Sie sich:
Was erlebe ich in diesem Moment? Was sehe ich? Was höre ich? Welche Empfindungen spüre ich im Körper? Wo spielen diese sich ab? Was fühle ich? Kann ich akzeptieren, wie ich mich in diesem Augenblick fühle? Was brauche ich in diesem Augenblick?
Achten Sie auf alles, was hochkommt, und versuchen Sie in diesem aufmerksamen Zustand jeden Moment als eine Kreuzung zu betrachten, die Ihnen zwei Wege eröffnet:

- der eine führt zum altbekannten Leiden
- der andere führt zu Akzeptanz und Freiheit.

Wir möchten Ihnen vermitteln, dass nicht eingestandene Gefühle genauso schreien wie ein Kleinkind und das gleiche Bedürfnis zum Ausdruck bringen:

ERKANNT UND BEACHTET,
GEHÖRT UND AKZEPTIERT ZU
WERDEN.

»Ja, aber wie kann ich lernen, meine Gefühle wahrzunehmen, darauf einzugehen und sie zu akzeptieren? Das klingt ziemlich exotisch für mich, wenn ich mir mein augenblickliches Leben anschaue.«

Die meisten von uns reagieren auf das Leben so, wie wir als Kinder konditioniert wurden. Diese Konditionierung bewirkte vor allem, dass wir uns von uns selbst abgewendet und unsere Aufmerksamkeit nach außen gerichtet haben.
Das ist in Ordnung. Es ist einfach nützlich, darüber Bescheid zu wissen, denn wenn wir für uns selbst aufmerksam werden, lernen wir unsere Bewusstheit wieder nach innen zu richten und Mitgefühl für uns und unsere Emotionen zu entwickeln.

Hier einige Schritte,
die sich bei diesem Prozess für uns
als hilfreich erwiesen haben:

1.

Seien Sie präsent für Ihr inneres Selbst.
Entwickeln Sie für Ihre eigenen Bedürfnisse und Gefühle die gleiche Offenheit und Aufmerksamkeit, die Sie den Bedürfnissen und Gefühlen Ihres Kindes entgegenbringen. Wenn Sie Ihre Aufmerksamkeit nach innen richten, sollten Sie lange genug präsent und wachsam bleiben, um alles wahrzunehmen und anzuerkennen, was sich Ihnen zeigt.

2.

Akzeptieren Sie, dass Sie Bedürfnisse haben. Eines der am meisten vernachlässigten, obwohl grundlegenden menschlichen Bedürfnisse ist das nach Aufmerksamkeit. (Das ist schwer zu akzeptieren, nachdem man uns jahrelang vorgeworfen hat: »Du willst einfach nur auf dich aufmerksam machen!«) Es ist vollkommen in Ordnung, Aufmerksamkeit zu wollen, einfach weil Sie es wollen.

3.

Fühlen Sie sich in das Bedürfnis ein. Ebenso wie Sie im Lauf der Zeit die Fähigkeit entwickelt haben zu unterscheiden, ob Ihr Baby vor Schmerz, Hunger oder Unbehagen weint, sollten Sie sich erlauben, die unterschiedlichen Nuancen Ihrer inneren Erfahrungen zu hören und zu spüren.

4.

Erfüllen Sie das Bedürfnis, so gut Sie es vermögen. Das ist oft ganz einfach (und schwierig zugleich): Akzeptieren Sie, was Sie fühlen, ohne es zu verurteilen, ohne zu versuchen, etwas zu verändern, und ohne sich dafür zu hassen, dass Sie so fühlen. Vielleicht sagen Sie einfach: »Das ist in Ordnung. Das ist in Ordnung.«

Üben Sie diese vier Schritte, wann immer Sie einen Moment Zeit haben:

- ❍ Beim Aufwachen
- ❍ Unter der Dusche
- ❍ Wenn Sie spazieren gehen
- ❍ Wenn Sie zu Arbeit fahren
- ❍ Wenn Sie vor dem Bankschalter warten
- ❍ Während der Fernsehwerbung

....

....

Wir alle haben schon einmal erlebt, dass ein Kind in unserer Gegenwart hinfällt und sich das Knie aufschlägt, wenn Mami außer Hörweite ist. Es weint ein, zwei Momente, und dann scheint alles wieder gut zu sein – bis Mami in Sichtweite kommt.

Dann beginnen die Tränen erneut zu fließen, genauso herzzerreißend wie zuvor. Mami tröstet das Kind, und alles ist wieder gut. Der kleine Junge braucht es offensichtlich, dass Mami ihn beachtet, sich ihm zuwendet und freundlich auf das aufgeschlagene Knie eingeht. Dann kann das Leben weitergehen.

WIR brauchen das Gleiche.

SICH EINE AUSZEIT GÖNNEN

Planen Sie jeden Tag ein paar Minuten als Auszeit nur für sich ein. Betrachten Sie diese Zeit als Geschenk an sich selbst statt als ein weiteres »Du musst«, das Ihr Leben belastet. Es ist wichtig, ruhige Zeit nur für uns selbst zu haben, um Raum für den inneren Frieden zu schaffen, nach dem wir uns so sehnen. Der Alltag ist, vor allem für Eltern, so voller Anforderungen, Ablenkungen und dringend zu erledigender Tätigkeiten, dass solche Auszeiten in der allgemeinen Hektik leicht verloren gehen.

SICH TÄGLICH EINE AUSZEIT ZU GÖNNEN
KANN DAS WICHTIGSTE SEIN,
WAS SIE JEMALS TUN.

Wenn wir uns eine Auszeit gönnen, und sei es nur für wenige Minuten, weiß die Seite in uns, die zu kämpfen hat, dass jemand sich um sie kümmert und dieser Person, die so viel zu kämpfen hat, Aufmerksamkeit schenkt.
Damit wir anfangen können, die innere Welt unserer Gefühle wahrzunehmen, sie uns einzugestehen und sie zu akzeptieren, müssen wir uns abseits der stän-

digen Geschäftigkeit unseres Alltagslebens darin üben. Wenn Sie diese vier Schritte an einem ruhigen Ort üben, wird es Ihnen leichter fallen, sie auch dann zu befolgen, wenn die Kinder ihren Ball gegen die Wand schmettern, das Abendessen noch immer nicht fertig ist und Sie von einem langen Arbeitstag erschöpft sind.

Hier noch einmal die vier Schritte:

1. Seien Sie präsent für Ihr inneres Selbst.
2. Akzeptieren Sie, dass Sie Bedürfnisse haben.
3. Stellen Sie sich auf diese Bedürfnisse ein.
4. Erfüllen Sie diese so gut Sie können.

Jedes Mal, wenn Sie sich Ihrem inneren Prozess zuwenden, sollten Sie Ihrer Aufmerksamkeit erlauben, das, was Sie in diesem Augenblick erleben, voll und ganz wahrzunehmen – die Empfindungen in Ihrem Körper, die Gedanken in Ihrem Kopf und Ihren emotionalen Zustand. Sie müssen sich nicht darum bemühen zu verändern, was Sie erleben. Allein wahrzunehmen, was in Ihnen vorgeht, ist hilfreich.

Wir wollen selten,
dass andere an uns »herumdoktern«.
Wir sehnen uns danach,
verstanden und akzeptiert zu werden.

Hat sich die Idee, Auszeiten einzulegen, Ihrem Bewusstsein auch nur ein wenig eingeprägt, fällt es Ihnen leichter, in stressigen Zeiten solche Pausen einzulegen, um sich den Raum zu nehmen, sowohl sich selbst als auch Ihre Lieben ganz aufmerksam zu erleben.
Wenn Sie sich dann das nächste Mal dabei ertappen, wie Sie Ihre Kinder anschreien und der Countdown läuft, bis Sie zu explodieren drohen –

»Ich habe euch doch gesagt ...«
»Ihr müsst euch unbedingt ...«
»Ihr müsst mir zuhören ...«
»Ich warne euch ...«
»Wenn ihr nicht auf der Stelle damit aufhört ...«
»Ich werde euch das kein zweites Mal sagen ...«
»Eins ... zwei ...«

– stehen Ihre Chancen besser, dass Sie innehalten und Ihren Kindern mit Ihrem Verhalten zeigen können, wie diese später einmal mit sich selbst und den Menschen, die sie lieben, umgehen können.

EIGENSCHAFTEN, FÜR DIE WIR VORBILDER SEIN WOLLEN

- ❍ authentisch
- ❍ engagiert
- ❍ präsent
- ❍ verständnisvoll
- ❍ freundlich
- ❍ fröhlich
- ❍ akzeptierend
- ❍ unterstützend
- ❍ aufmerksam

....

....

....

STOP

Richten Sie Ihre Aufmerksamkeit einen Moment lang nach innen. Was sagen Sie sich? Wie fühlen Sie sich? Wie atmen Sie? Wie schlägt Ihr Herz? Ist Anspannung in Ihrem Körper? Möchten Sie losschreien? Weinen? Etwas an die Wand werfen? Wie sehen Ihre Gedanken aus? Strampeln Sie sich ab, um die Kontrolle zu gewinnen? Versuchen Sie sich auszureden, was Sie gerade fühlen? Können Sie akzeptieren, was Sie gerade fühlen und denken? Falls nicht, woher wissen Sie, dass es nicht in Ordnung ist zu fühlen, was Sie fühlen, und zu denken, was Sie denken? Wie kommen Sie darauf, dass das nicht in Ordnung ist? Fühlen Sie sich ein in das, was Sie wahrnehmen, und machen Sie sich klar, dass gerade das Kinderprogramm läuft – genau die Programmierung, die Sie selbst bekommen haben, oder das Gegenteil davon. Auf jeden Fall sind das die Normen, die man Ihnen als Kind beigebracht hat und die Sie verinnerlicht haben.

Das sind die Normen,
nach denen Sie sich,
Ihre Kinder und das Leben
generell beurteilen.

Wenn wir diese kindlichen Überzeugungen und Normen
und den laufenden Kommentar in unserem Kopf
wahrnehmen und dann loslassen,
werden wir frei,
Entscheidungen zu treffen,
die dem Augenblick,
in dem wir tatsächlich gerade sind,
besser entsprechen.

JAN UND ALEX (FORTSETZUNG)

»Als ich anfing, nach innen zu schauen und mich zu fragen, was ich fühle, nahm ich folgende Emotionen wahr:

Ärger über meine Belastungen: Beruf, allein erziehende Mutter sein, das ›schlechte‹ Benehmen meiner Tochter,
Traurigkeit und Verletztsein, weil sie mich so behandelte,
Hass auf die ganze Situation und Widerstand dagegen,
Verzweiflung, weil das keine akzeptable Art ist, mit meiner Tochter umzugehen.

Und zu alledem war ich auch noch körperlich erschöpft und hungrig.«

»ICH BRAUCHE URLAUB«

»Wenn ich mir meine Gefühle und Bedürfnisse erst einmal angeschaut habe, wie kann ich dann darauf eingehen? Eigentlich bräuchte ich dringend Urlaub, aber dafür habe ich weder Zeit noch Geld.«

Überprüfen Sie diese Stimme noch einmal, die sagt: »Ich brauche Urlaub.« Was würde ein Urlaub Ihnen geben? Wenn wir genau hinhören, können wir allmählich herausfinden, was wir brauchen, um für uns zu sorgen:

»Ich brauche eine Pause von den Stimmen
in meinem Kopf, die mir ständig einreden,
dass ich alles falsch mache.«

»Ich brauche Pause von dieser Anspannung
in meinem Körper.«

»Ich brauche eine Pause von dem Druck,
dem Stress und den ständigen Anforderungen
des Elternseins.«

WIE SIE JEDERZEIT EINEN MINI-URLAUB MACHEN KÖNNEN

Eltern brauchen viel mehr Ferien, als sie je haben werden – nämlich so ungefähr mehrmals am Tag.
Hier ein Vorschlag, wie Sie sich mit zwei Schritten jederzeit wie im Urlaub fühlen können.

Der erste Schritt besteht darin zu tun, wovon wir in diesem Buch ständig reden: die Fähigkeit zu entwickeln, dem laufenden Kommentar in unserem Kopf unsere Aufmerksamkeit zu entziehen und Schluss zu machen mit dem endlosen Selbstgespräch, das uns in unserem Leben so viel Stress macht. Legen Sie eine Auszeit ein und kommen Sie in den gegenwärtigen Moment: Betrachten Sie etwas Schönes, hören Sie eine Musik, die Sie lieben, setzen Sie sich einen Augenblick in den Garten und spüren Sie die leichte Brise, seien Sie wirklich präsent für das, wo Sie innerlich gerade sind, und für das Leben, das Sie umgibt, statt in den laufenden Kommentar in Ihrem Kopf verwickelt zu sein.

Der zweite Schritt besteht darin, Urlaub von Ihren Normen und inneren Ansprüchen zu machen. Sie wissen, dass Sie nicht täglich alles hinkriegen können.

Statt die GANZE Wäsche zu machen, waschen Sie nur eine Trommel. Lassen Sie den Rest liegen und nehmen Sie sich etwas Zeit für sich. Statt die vollständige, perfekt abgerundete Mahlzeit zu kochen, die Sie im Idealfall jeden Abend servieren möchten, bereiten Sie etwas vor, was nicht so viel Aufwand für Sie bedeutet und woran Ihre Familie vielleicht sogar mehr Freude hat.

Jetzt sagt eine Stimme vielleicht so etwas wie: »Aber du kriegst die Wäsche überhaupt nie geregelt. Du bringst auch nie eine anständige Mahlzeit auf den Tisch.«

DIESE STIMME IST DAS PROBLEM,
NICHT DIE LÖSUNG.

Mehr als saubere Kleidung und perfekte Mahlzeiten
braucht Ihre Familie
eine liebevolle Mutter,
einen liebevollen Vater,
die/der sich selbst schätzt
und diese Liebe und Wertschätzung
auch der restlichen Familie entgegenbringt.

Überlegen Sie, wie Sie im Laufe des Tages immer wieder kleine Pausen machen und kleine Urlaubsmomente erleben können. Beteiligen Sie Ihre Kinder daran,

wenn sich das gut anfühlt. Beginnen Sie mit einer Minute und kommen Sie allmählich auf zehn Minuten. Stellen Sie eine Liste der Dinge auf, die Ihnen tatsächlich gut tun und für die Sie nur wenige Minuten brauchen. Bringen Sie diese Dinge bewusst in Ihr Leben ein, weil Sie Ihnen gut tun.
Wenn Sie sich bewusst werden, dass Sie gerade auf dem Sofa herumhängen, Süßigkeiten essen und sich vor dem Fernseher fläzen, gehen Sie am freundlichsten mit sich um, wenn Sie sich dafür nicht heruntermachen (erinnern Sie sich noch an den Abschnitt, wo es darum ging, Ihre Ansprüche herunterzuschrauben?). Tatsächlich könnten Sie zu sich sagen: »Na, das habe ich jetzt echt gebraucht, ich brauchte einfach etwas Zeit für mich. Jetzt beschäftige ich mich wieder mit der Liste von Dingen, die mir wirklich gut tun.«

Mit Fernsehen und Süßigkeiten können wir uns eine Weile gut fühlen ... bis das innerliche Schimpfen losgeht. Dann bekommen wir zu hören, wie schwach, abstoßend, undiszipliniert und grundlegend FALSCH wir sind, weil wir uns so gehen lassen. Wenn wir uns gönnen können, kurz durch den Garten zu gehen, Musik zu hören oder mit der Katze zu spielen, geht es uns nicht nur gut, sondern wir bringen uns auch gute Gefühle entgegen,

und genau danach sehnen wir alle
uns offensichtlich am meisten.

Wir können unseren Kindern zeigen, wie man in der Gegenwart lebt und das Leben genießt, indem wir ihnen unsere guten Gefühle ebenso mitteilen wie unsere Kämpfe. »Oh, Kittys Fell ist so weich, stimmt's?« »Komm doch mal her und rieche an dieser tollen Blume.«

Wir sind dazu konditioniert, vor dem Leben davonzulaufen, und dadurch landen wir bei Verhaltensweisen, die uns wirklich nicht gut tun. Es ist völlig in Ordnung, ungesundes Zeug zu essen. Es ist in Ordnung fernzusehen. Es ist in Ordnung, ein Bier oder ein Glas Wein zu trinken. Aber diese Dinge tun uns nicht wirklich gut. Woher wissen wir das?

Das sind nicht die Dinge,
die wir uns für unsere Kinder wünschen.

Im Folgenden eine Übung, die Ihnen hilft, auf die Frage, was Ihnen gut tut, die Antworten zu finden, nach denen Sie sich innerlich wirklich sehnen.

STOP

Stellen Sie sich vor, Sie sind mit einem Baby, einem kleinen Kind, einem jungen Hund oder einem Kätzchen zusammen. Wenn die Bilder hochkommen, wählen Sie das, das Sie in Ihrem Herzen am meisten berührt, das Sie am tiefsten fühlen können.

Stellen Sie sich jetzt vor, dass dieses kleine Geschöpf aufgebracht, traurig, verletzt oder einsam ist. Was würden Sie diesem kleinen Wesen sagen? Wie würden Sie es trösten?

Können Sie mit diesem hilflosen kleinen Geschöpf so zusammen sein, dass es sich von Ihnen voll und ganz akzeptiert fühlt?

Nehmen Sie sich etwas Zeit, um die Antworten zu finden, die sich für Sie richtig anfühlen.

Üben Sie jetzt,
genau diese Dinge sich selbst,
Ihrem eigenen bedürftigen inneren Selbst
zu sagen.

Nehmen Sie sich einen Augenblick Zeit, um Ihre Antworten aufzuschreiben. Welche Wirkung hat diese kleine Übung auf Sie?

Hier ein paar Sätze, die anderen Menschen bei dieser Übung eingefallen sind:

»Ich liebe dich.«

»Es ist völlig in Ordnung zu fühlen, was du fühlst.«

»Ich weiß, dass du Angst hat.
Ich lasse dich nicht alleine.«

»Ich lasse dich nicht im Stich,
was immer auch geschehen mag.«

»Ich weiß, du tust dein Bestes.«

»Ich verstehe dich.«

Urlaub wäre wunderbar. Da er aber jetzt gerade nicht möglich ist, würde Ihr inneres Selbst vielleicht gern Dinge hören wie:

»Ich weiß, du würdest gern wegfahren,
irgendwo anders hin,
und es ist wirklich frustrierend,
dass du das nicht kannst.«

IHR INNERES SELBST
MÖCHTE GERN HÖREN,
DASS SIE VERSTEHEN UND
AKZEPTIEREN,
WIE ES SICH FÜHLT.

Wäre jetzt nicht der richtige Zeitpunkt für Sie, sich eine Pause zu gönnen?

Sind Sie bereit für eine

AUSZEIT?

Wenn Ihre Kinder älter sind, können Sie Ihnen erklären, warum Sie Pause machen. Warum Sie Auszeiten wollen, machen und brauchen. Sie können ihnen Vorbild sein für diese Ruhepausen, so dass auch Ihre Kinder sich eine Auszeit gönnen in einer Welt, die von »Egoismus« spricht, wenn wir uns Zeit für uns nehmen.

HUMOR ENTWICKELN

Eine der größten Freundlichkeiten, die wir Kindern erweisen können, besteht darin, etwas Humor und Leichtigkeit in unser Elterndasein zu bringen. Viele elterliche Schwierigkeiten beruhen auf Streitigkeiten, die auf unterschiedliche Stimmungen zurückgehen. Sagen wir, ich bin aufgebracht und gereizt über etwas, das mit meinem Kind nichts zu tun hat. Mein Kind ist ebenfalls aufgebracht und unglücklich über etwas und jammert oder agiert seinen Frust auf eine Art und Weise aus, die mich ärgert und meine Gereiztheit noch steigert. Das ist eine vorübergehende Situation. Ich versuche, nicht unüberlegt oder verletzend zu reagieren und meine Frustration nicht an meinem Kind auszulassen. Aber ich bin gerade ziemlich humorlos. Hilfreich ist, sich in solchen Situationen an ein paar Dinge zu erinnern:

1. Was ich mit diesem Kind gerade erlebe, ist völlig normal. Alle Eltern erleben das. Perfekte Eltern, die nie gestresst, gereizt, ungeduldig oder barsch mit ihrem Kind sind, gibt es nicht. Das ist ganz normal.

2. Wir werden das beide zusammen durchstehen. Es wird vorübergehen. Wenn ich mir das vor Augen halten kann, habe ich eine Chance, die Situation etwas leichter zu nehmen.

Wenn ich mich daran erinnere, die Dinge aus einer gelassteneren Perspektive zu betrachten, kann ich ein Gespräch mit meinem Kind anfangen und mit ihm zusammen überlegen, wie wir beide die Sache etwas leichter nehmen können.

Zum Beispiel:
Geben wir zu, dass wir beide gereizt sind und es uns nicht so gut geht. Und dann wollen wir mal sehen,

- ❍ wer am lautesten mit den Füßen aufstampfen kann.
- ❍ wer am höchsten springen und am lautesten schreien kann.

Jetzt wollen wir zugeben, dass wir nicht deswegen Probleme haben, weil der eine oder andere von uns etwas Bestimmtes getan oder nicht getan hat.

MACHEN WIR UNS KLAR,
DASS UNSERE SCHWIERIGE STIMMUNG
VORÜBERGEHEN WIRD,
ABER UNSERE BEZIEHUNG ETWAS
BLEIBENDES IST.

Machen wir uns klar, dass wir eine Beziehung miteinander haben wollen, und führen wir uns noch einmal vor Augen, wie wir uns diese Beziehung wünschen. Uns ist nicht besonders leicht ums Herz und wir sind nicht glücklich, liebevoll oder freundlich. Aber wir können uns etwas einfallen lassen, was uns beiden hilft, wieder so liebevoll und fürsorglich miteinander umzugehen, wie wir es uns wünschen, und wieder Freude aneinander zu haben.

ENTSCHEIDEN SIE, WANN SIE KÄMPFEN WOLLEN (UND WANN NICHT)

Ich beobachtete einmal eine Großmutter, die versuchte, ihre zehn Monate alte Enkelin zu füttern. Das Baby saß im Kinderstuhl und futterte etwas von seinem Tablett, während die Großmutter ihm aus einer Schüssel etwas anderes in den Mund schob. Das Kind wollte eindeutig lieber vom Tablett essen. Ich schaute fasziniert zu, wie der Kampf zwischen den beiden begann. Die Großmutter forderte von dem Kind, es solle essen, was und wie und in welcher Reihenfolge sie es richtig fand. Als das Kind das nicht wollte, startete das Kontrollverhalten der Großmutter. Die Mutter des Babys sprach ein paar ruhige, versöhnliche Worte, aber die Großmutter wollte davon nichts wissen. Tatsächlich sagte sie:

»Weißt du, wenn du ihr das in diesem Alter durchgehen lässt, wird sie mit vier Jahren unerträglich sein.«

Es ist wichtig, dass Sie als Eltern entscheiden, wann Sie kämpfen wollen. Fragen Sie sich:

»IST DIESE SACHE WICHTIG GENUG,
UM DARÜBER MIT EINEM KLEINEN KIND
EINEN SOLCHEN MACHTKAMPF
ANZUFANGEN?«

Wenn Sie mitten in einem bereits stattfindenden Machtkampf STOPPEN können, wunderbar. Wenn nicht, dann stehen Sie ihn so gut wie möglich durch, machen dann eine Pause und kommen wieder zum Atem zurück.
Wie haben Sie zu dieser Situation beigetragen? Was hat man Ihnen beigebracht? Wovor haben Sie Angst? Was glauben Sie? Glauben Sie das wirklich? Glauben Sie wirklich, dass es dem Kind schadet, wenn Sie nicht dafür sorgen, dass es das isst und so isst, wie Sie es wollen? (Setzen Sie hier Ihr eigenes spezielles Thema ein.)

Können Sie dem Kind diese kleine Entscheidung selbst überlassen, weil Sie wissen, dass es weitreichendere, wichtigere Situationen gibt, in denen Sie Ihren Einfluss geltend machen möchten, ohne dass es lediglich zu einem weiteren Machtkampf kommt?
Es kann sehr hilfreich sein, uns unsere Beweggründe klar zu machen.

Verhalten Sie sich so,

weil Sie tief davon überzeugt sind,

dass es wichtig und wertvoll ist?

Weil man mit Ihnen auch so umgegangen ist?

Weil Sie dieses Verhalten nie hinterfragt haben?

Weil Sie bereits

über etwas anderes ärgerlich sind

und diesen Ärger

in die jetzige Situation einbringen?

Nehmen Sie sich Zeit, innezuhalten und hinzuschauen, aufmerksam und ruhig zu werden und still für sich zu sein.
Schauen Sie sich mit dem mitfühlenden Bewusstsein, das auch Ihr Kind entwickeln soll, an, was in Ihnen vorgeht.
Machen Sie sich klar, was mit Ihnen passiert, und allmählich werden Sie Klarheit gewinnen.
Mit der Zeit werden Sie feststellen, dass Sie bei entsprechenden Anlässen freundlicher und mitfühlender auf Ihr Kind eingehen können, statt einfach mit den alten, konditionierten Verhaltensmustern Ihrer Kindheit zu reagieren.

WAS SIE IN EINER AUSZEIT TUN KÖNNEN

- Stellen Sie sich vor, Sie seien ein Ballon. Konzentrieren Sie sich auf Ihren Atem, spüren Sie, wie die Luft in Ihren Körper strömt und ihn ganz füllt. Spüren Sie, wie die Luft Ihren Körper verlässt. Atmen Sie auf diese Weise zehn Mal ein und aus, und achten Sie dabei einfach darauf, wie es ist, ein Ballon zu sein.
- Benennen Sie das, was Sie fühlen, ohne die üblichen Worte zu benutzen. Statt zum Beispiel zu sagen: »Ich bin wütend«, könnten Sie sagen: »Ich explodiere gleich wie ein Vulkan« oder »Ich möchte losschreien« oder »Ein Dinosaurier hockt auf meinem Brustkorb«.

- Erlauben Sie Ihren Gefühlen, sich in Bildern auszudrücken statt in abstrakten Worten. Statt sich zum Beispiel, wenn Sie wütend sind, im Kopf immer wieder das Gleiche über Ihre Wut zu erzählen, können Sie sich vorstellen, der Person, auf die Sie wütend sind, alles ins Gesicht zu schreien, was Sie ihr sagen möchten, ohne sich dabei zu zensieren. Richten Sie Ihre Aufmerksamkeit auf Ihre Gefühle, statt diese zu unterdrücken. Finden Sie eine sichere Möglichkeit, Energie herauszulassen.

- ❍ Schreien Sie in ein Kissen oder kurbeln Sie die Wagenfenster hoch und brüllen Sie los.
- ❍ Hämmern Sie mit Fäusten auf eine Matratze ein.
- ❍ Tanzen Sie und bewegen Sie dabei jeden Körperteil so heftig wie möglich. Wählen Sie dafür eine Musik, die Ihnen wirklich gut gefällt.
- ❍ Laufen Sie so schnell wie möglich um den Block. Und gleich noch einmal!
- ❍ Schreiben Sie auf, was Sie fühlen.
- ❍ Holen Sie Ihre Stifte und zeichnen Sie ein Bild von Ihren Gefühlen.
- ❍ Wie wäre es mit ein paar eigenen Ideen?

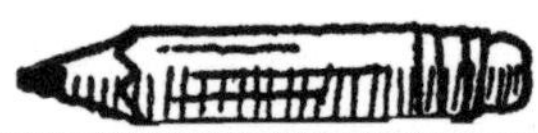

Es ist in Ordnung,
dass Sie sich eine Auszeit gönnen
und sich selbst Zuwendung geben.
Das ist tatsächlich das Beste,
was Sie für sich
und alle, die Sie lieben,
tun können.

MIT IHREM KIND ZUSAMMEN SEIN:

VORBILD WERDEN FÜR SELBSTAKZEPTANZ

Ein Kind weiß,
wann seine Eltern sich selbst gegenüber
aufrichtig sind,
und es kann spüren,
dass sie innerlich
im Einklang mit sich sind.

Diesen Ort nennen wir die Mitte.

STOP

Erinnern Sie sich an Situationen, in denen Sie sich ruhig und zentriert fühlten, und stellen Sie sich vor, Ihrem Kind in diesem Zustand »Nein« zu sagen, wenn es etwas haben will. Erinnern Sie sich jetzt an Zeiten, in denen Sie nicht so zentriert waren, sondern möglicherweise missmutig und überlastet, und stellen Sie sich vor, Ihrem Kind in diesem Zustand »Nein« zu sagen.

Wie unterscheiden sich diese beiden Erfahrungen für Sie? Können Sie sich erinnern, wie Sie sich jeweils fühlten? Wie reagiert Ihr Kind auf Sie in jeder dieser beiden Situationen?

Ja, es fühlt sich wunderbar an, zentriert zu sein und aus diesem Zustand heraus zu agieren.

Wenn aber unsere Gefühle und unser Verhalten auf Stress beruhen und wir nicht in unserer Mitte sind,

dann ist das Beste, was wir tun können,
zu akzeptieren, wo wir gerade sind.

Es ist nicht leicht, Mutter oder Vater zu sein.
Wir müssen unser eigener bester Freund sein
und uns akzeptieren,

GANZ GLEICH,

wie wir gerade sind.
Mit dieser Akzeptanz und diesem Mitgefühl
sind wir für unsere Kinder die besten Vorbilder.

Viele Erwachsene glauben, es rege Kinder auf zu erleben, wenn Erwachsene Emotionen wie zum Beispiel Ärger, Traurigkeit oder Angst zeigen. Aber wie soll ein Kind jemals lernen, dass seine Gefühle in Ordnung sind, wenn alle seine erwachsenen Vorbilder immer nur versuchen, so zu tun, als ob sie keine Gefühle hätten?

Wenn wir mit unseren Kinder wir selbst sind, lernen sie, ebenfalls sie selbst zu sein, weil sie dann die Selbstakzeptanz lernen, für die wir Ihnen Vorbilder sind.

Eine simple Möglichkeit, Vorbild für das erwachsene Verhalten zu sein, das wir uns für unsere Kinder wünschen, besteht darin, ihnen immer wieder einmal zu erzählen, was in uns vorgeht:

Noch einmal:
Verstecken wir unsere Gefühle vor unseren Kindern, lernen sie daraus nur eines:

Wenn ich erwachsen werde,
muss ich meine Gefühle verstecken,
denn genau das tun Erwachsene.

Können wir Kindern stattdessen mitteilen,
was in uns vorgeht,
ohne sie aufzufordern,
sich anders zu verhalten
oder sich für uns verantwortlich zu fühlen,
sind wir Vorbilder für erwachsenes Verhalten.

Vor allem für ältere Kinder
kann es wunderbar wohltuend sein, wenn sie wissen,
was in Erwachsenen vorgeht.

Beispiel:
Mir fällt in einer bestimmten Situation auf, dass ich ziemlich gereizt bin. Ich halte inne (nehme eine Mini-Auszeit), um nach innen zu schauen, und sage zu dem Kind: »Lass mir mal eine Sekunde Zeit. Mir ist gerade klar geworden, dass ich ziemlich gereizt bin und ich will nachschauen, was da in mir vorgeht.« Vielleicht geht es um ganz simple Dinge und ich habe zum Beispiel heute Nachmittag nur einen Kaffee getrunken und seitdem nichts mehr gegessen, so dass ich etwas dünne Nerven habe. Also sage ich zu dem Kind: »Mir wird gerade klar, dass ich noch nichts gegessen

habe, ich glaube, ich bin zu hungrig. Lass uns etwas Kleines zu essen machen. Ich will über gar nichts reden, bevor ich nicht eine Kleinigkeit gegessen habe, weil ich glaube, dass ich mich dann besser fühle und die meisten meiner Probleme sich dadurch von selbst auflösen.«

Ein weiteres Beispiel:
Auf dem Nachhauseweg erzähle ich meinem Kind im Auto: »Ich hatte heute wirklich einen interessanten Tag. Meine Chefin kam rein und sagte etwas zu mir, und ich konnte mich dabei beobachten, wie mich das wirklich auf die Palme brachte. Aber ich habe kurz darüber nachgedacht und gesagt: ›So, Sie meinen also, dass ...?‹ Und es stellte sich heraus, dass sie das überhaupt nicht gesagt hatte! Ich habe sie völlig falsch verstanden und mich total aufgeregt über etwas, was noch nicht einmal stimmte.«
Höchstwahrscheinlich hört mein Kind mir nur halb zu, aber es nimmt die Information auf, dass es in Ordnung ist, Probleme zu haben, sich Problemen zu stellen, Probleme durchzuarbeiten, Probleme zu lösen; und dass Eltern keine perfekten Menschen sind, die alles wissen. Das erspart dem Kind, wenn es zum Teenager heranwächst, eine Menge Kummer, weil ihm dann klar wird, dass es tatsächlich auch nicht auf alles eine Antwort hat und für niemanden der ideale Mensch sein muss.

Wir müssen nicht warten,
bis wir glauben,
ein Kind ist alt genug,
um uns zu verstehen.
Wir können Kindern jeden Alters
beiläufig erzählen,
wie es im Leben zugeht.

Wenn wir Kindern Wissen über die Welt vermitteln, in die sie hineinwachsen, bauen wir eine Beziehung zu ihnen auf, in der sie gerne mit uns kommunizieren. Wenn sie dann älter sind und sich aufregen oder sich Sorgen machen, haben sie eine Sprache, um sich auszudrücken, und können sicher sein, dass wir ihnen beistehen.

Indem wir offen mitteilen, was in uns vorgeht, fördern wir eine Atmosphäre von Ehrlichkeit und Vertrauen. Schweigen wir über unser Innenleben, während wir gleichzeitig das Kind auffordern, offen und verletzlich zu sein, führt das möglicherweise zu Distanz und mangelndem Vertrauen.

Wenn wir uns bei schwierigen Begegnungen mit unserem Kind unser inneres Erleben bewusst machen, wird uns meistens klar, dass immer wieder die gleichen Situationen entstehen.

DIESE DEPRIMIERENDEN WIEDERHOLUNGEN
SIND EIN EINDEUTIGES ZEICHEN DAFÜR,
DASS WIR MIT UNSEREN
ÜBLICHEN REAKTIONEN NICHTS BEWIRKEN
UND NIE ETWAS BEWIRKT HABEN.

Sobald wir das erkennen, sind wir frei, etwas Neues auszuprobieren.

THOMAS UND CARLA

Thomas hatte einen langen Arbeitstag hinter sich und musste dann noch seine neunjährige Tochter Carla aus dem Hort abholen. Als sie zu ihm in den Wagen stieg, war er angespannt, denn er wusste, dass sie die Angewohnheit hatte, während der Heimfahrt ohne Punkt und Komma von ihrem Tag zu erzählen. Sie fing an ihm zu berichten, was ihre Freundinnen alles gesagt hatten, und er schrie: »Ich will das nicht hören. Sei einfach mal still!«

Als er später darüber nachdachte, wurde Thomas klar, dass sich diese Szene ständig wiederholte, nicht nur mit Carla, sondern auch mit seiner Frau und anderen. Als er sich eine Auszeit erlaubte und eine Weile still für sich sein konnte, schaute er sich an, was in ihm vorging. Ihm wurde klar, dass er selbst Aufmerksamkeit wollte und gern von den Schwierigkeiten erzählt hätte, die es bei ihm in der Arbeit gab.

Thomas wurde auch klar, dass er ein Mensch war, der eher wenig redete und der nichts von seinem Tag erzählte, weil er befürchtete, jemand könne zu ihm sagen: »Ich will von dir nichts hören.«

Als er Carla am nächsten Tag von der Schule abholte, hörte er ihr eine Weile zu und sagte dann: »Weißt du, ich würde dir sehr gern etwas von meinem Tag erzählen. Wie wäre es, wenn du fünf Minuten redest und ich höre dir zu, und dann rede ich fünf Minuten und du hörst zu? Du achtest auf die Zeit, in Ordnung?«

Wenn wir uns genau beobachten, können wir alte Verhaltensmuster durch neue Reaktionen ersetzen und verändern dadurch auch andere schwierige Kommunikationsgewohnheiten, die sich bislang ständig wiederholten.
Neue Reaktionen ersetzen die überholten, alten, und die Energie zwischen Eltern und Kindern verändert sich, so dass beide Freude aneinander haben, statt ständig in Konflikte zu geraten.

Wir können uns an dem Punkt entscheiden, uns anders zu verhalten, wo uns bewusst wird, dass wir gerade wieder ansetzen zu einem

Ich-mach's-schon-ewig-so-
obwohl-es-nie-etwas-bewirkt-hat-Verhalten.

So, wie Sie angefangen haben, sich zu fragen:
»Was brauche ICH?«,
können Sie die Frage auch laut stellen und Ihr Kind einbeziehen:
»Was würde UNS jetzt helfen?«

Auf Seite 90 haben wir Ihnen einige Übungen vorgestellt, um konstruktiv mit schwierigen Gefühlen umzugehen. Hier ein paar weitere:

- Probieren Sie aus, wer das komischste Geräusch machen kann.
- Probieren Sie aus, wer seine Gefühle am komischsten zum Ausdruck bringen kann oder
- am lautesten
- am sanftesten
- durch einen Tanz
- mit einem Gedicht.

Denken Sie sich selbst ein paar Dinge aus, die ganz auf Sie zugeschnitten sind.

KINDERN ERLAUBEN, SIE SELBST ZU SEIN

Wenn Sie erst einmal Möglichkeiten gefunden haben, Ihre Gefühle zuzulassen und zu akzeptieren, und wissen, wie Sie mit Ihrem Kind wirklich Sie selbst sein können, besteht der nächste Schritt darin, die Gefühle Ihres Kindes zuzulassen.
Das ist eigentlich ganz einfach. Verhalten Sie sich Ihrem Kind gegenüber genauso, wie Sie gelernt haben, mit Ihrem eigenen inneren Kind umzugehen:

1. Seien Sie präsent für Ihr inneres Selbst.
2. Akzeptieren Sie, dass Sie Bedürfnisse haben.
3. Fühlen Sie sich in Ihr Bedürfnis ein.
4. Erfüllen Sie es so gut Sie können.

Ein Beispiel: Marc bettelt um eine Kugel Eis, dabei ist bald Abendessen. Sie sagen zu ihm: »Das ist keine gute Zeit für ein Eis.« Können Sie ihm seine Gefühle einfach lassen – Enttäuschung, Ärger, Traurigkeit? »Ich weiß, dass du sauer bist, Marc. Das ist in Ordnung, aber manchmal können wir einfach nicht bekommen, was wir haben wollen.«

Nehmen Sie wahr.
Akzeptieren Sie.
Gehen Sie liebevoll auf das Kind ein.

JAN UND ALEX (FORTSETZUNG)

»Als ich mir meine eigenen Gefühle anschauen konnte, fiel es mir leicht zu sehen, dass Alex sich so verhielt, weil ihre Gefühle nicht viel anders aussahen als meine:

Sie war ärgerlich darüber, dass sie sich den ganzen Tag lang ›gut‹ benehmen musste,
traurig, weil sie mich vermisste und meine Zuwendung brauchte,
und sie fühlte sich in meiner Gegenwart sicher genug, um ihren Gefühlen Ausdruck zu verleihen, nachdem sie den ganzen Tag lang die schulischen Zwänge ertragen hatte.
Und was das Körperliche betraf, war sie müde und hungrig.«

Einem Kind zu erlauben, es selbst zu sein, bedeutet nicht, dass es einen Freibrief bekommt, sich immer so zu verhalten, wie es will.

Für beide, Eltern und Kinder, ist wichtig zu wissen,
dass die Eltern immer der Boss sind;
dass es akzeptables und nicht-
akzeptables Verhalten gibt;
dass es familiäre Regeln gibt, an die alle,
Eltern und Kinder, sich halten müssen.

FÜHLEN UND HANDELN: ZWEI GANZ VERSCHIEDENE DINGE

Gefühle zu haben und danach zu handeln sind zwei völlig verschiedene Dinge, und es ist ganz entscheidend, dass wir den Unterschied verstehen.
Oft verwechseln wir Fühlen und Handeln miteinander:

- Ich darf nicht wütend sein, sonst verletze ich jemanden.
- Ich darf meine sexuellen Gefühle nicht zulassen, sonst lande ich ständig mit jemand anderem im Bett.
- Ich darf mich meine Traurigkeit nicht spüren lassen, sonst höre ich nie wieder auf zu weinen.
- Ich darf nicht zu glücklich sein, das stört die Menschen um mich herum.

Tatsächlich müssen wir, um unsere Gefühle zu spüren, überhaupt nichts tun und uns auf gar nichts einlassen. Wir haben jedoch Angst vor unseren Gefühlen,

weil wir glauben, wir würden anfangen, Amok zu laufen, wenn wir zulassen, dass wir sie spüren. Wir sind der Überzeugung:
Unsere Gefühle kontrollieren
heißt unser Verhalten kontrollieren.

Nach unserer Erfahrung stimmt genau das Gegenteil:

Wenn wir unsere Gefühle ständig kontrollieren,
läuft unser Verhalten schließlich Amok.

Zum Beispiel: Wenn wir unseren Ärger unterdrücken, stellen wir früher oder später fest, dass wir jemanden anschreien.

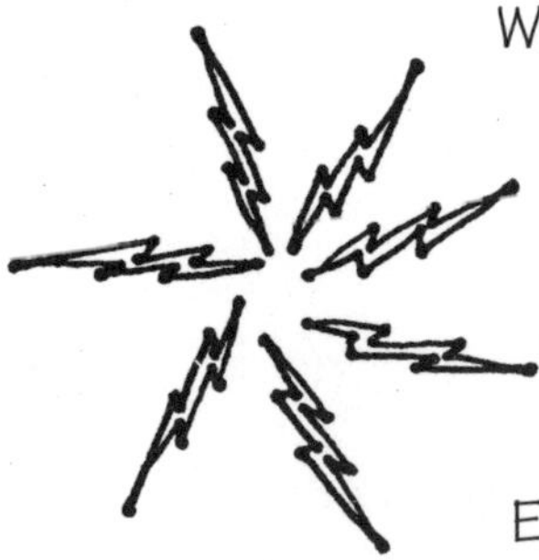

Wenn wir keine Angst vor Gefühlen haben, wenn wir ihnen erlauben, da zu sein, scheinen sie einfach durch uns hindurchzufließen, statt sich so zu steigern, dass es schließlich zu einer großen emotionalen Explosion kommt.

Wenn wir die emotionale Energie einfach zulassen und wahrnehmen, wie sie sich im Denken und im Körper meldet, wenn wir uns daran erinnern, dass Gefühle normal und gut sind, wenn wir akzeptieren, wie wir uns fühlen, dauert die emotionale Energie eine Weile und verschwindet dann wieder.

Wenn ich lerne, so mit dieser Energie umzugehen, dass es mir gut tut, erkenne ich schnell, dass die Emotion überhaupt nicht destruktiv ist.

Wenn mir das Leben zu schaffen macht, stelle ich am liebsten laute, schnelle Musik an und putze das Haus von oben bis unten. Schon nach kurzer Zeit bin ich nicht mehr ärgerlich, die Energie hat sich aufgelöst,

ich fühle mich wohl mit mir und das Haus ist sauber.

Wie erleben Sie ein Gefühl? Was passiert, wenn Sie zulassen, dass ein Gefühl hochkommt, und Sie es wahrnehmen und spüren, ohne danach zu handeln?
Schauen Sie, ob Sie bereit sind,
ein Gefühl einfach als Energieform zuzulassen,
ohne darin etwas zu sehen,
das Sie zu einem bestimmten Verhalten zwingt.

Wie alles Neue erfordert auch das Übung. Wir müssen lernen, uns auf unsere eigenen Bedürfnisse einzustellen, dem Kind in uns zuzuhören und mit ihm zu sein.

Wir brauchen uns selbst nicht mehr
als jemand zu betrachten,
der »die Nerven verliert«.
Vielmehr lernen wir, die Seiten in uns zu finden
und wieder lebendig werden zu lassen,
die man uns vor vielen Jahren genommen hat,
als man uns beibrachte,
unsere Gefühle seien etwas Schlechtes.

Wir lernen, uns selbst zu akzeptieren.

Wenn wir uns versichern wollen,
dass bis in die Tiefe unseres innersten Wesenskerns
nichts mit uns verkehrt ist,
müssen wir uns lediglich an die Liebenswürdigkeit,
Schutzlosigkeit und Unschuld der Kinder erinnern,
die wir lieben.

Sie sind ein Beweis dafür,
dass die Essenz eines jeden Wesens gut ist.

JAN UND ALEX (ENDE)

»Als ich anfing, sowohl meine eigenen Gefühle als auch die meiner Tochter aufmerksam wahrzunehmen und zu akzeptieren, lösten sich die Anspannung und die Widerstände auf, so dass ich für andere Möglichkeiten offen wurde.

Ich gestand mir meine Gefühle schließlich ein
und akzeptierte,
dass sie völlig in Ordnung sind.

Ich akzeptierte auch die Gefühle meiner Tochter
voll und ganz,
indem ich sie fragte,
wie sie sich fühlt, und sie wissen ließ,
dass in Ordnung ist, was sie fühlt.

Wir gestalten seither unsere Fahrt nach Hause
anders:
Ich packe einen kleinen Imbiss ein, den wir in einem Park in der Nähe von Alex' Schule zusammen essen, bevor wir nach Hause fahren. Eine wunderbare neue Gewohnheit! Ich habe meine bisherige Überzeugung einfach aufgegeben, dass so etwas nicht möglich sei, weil ich keine Zeit hätte und nach Hause müsste, um zu kochen, die Wäsche zu machen, Anrufe zu erledigen, und so weiter.

Weil wir beide so viel Leidvolles losgelassen haben, gibt uns unser Picknick neue Kraft, und wir treffen glücklich und entspannt zu Hause ein.

Ausschlaggebend für diese Veränderung war meine Art und Weise, für mich zu sorgen. Für mich ist die Welt ein sehr viel freundlicherer Ort geworden.«

DANK

Ich, Cheri, möchte Monique und Brian für ihre Geduld und ihr Verständnis danken, während ich immer noch weiter lerne, eine mitfühlende Mutter zu sein.
Melinda und ich möchten den folgenden Menschen für ihre Ideen, ihre Erfahrungen und ihre Hilfsbereitschaft danken: Jan Rogerson, Darlene Baumgartner, Jan Leimert, Jan Letendre, Christine Taylor und Cameron Sellar.
Und noch einmal ein Danke an June Shiver dafür, dass sie ihre kreativen Talente eingesetzt hat, um ein Buch herauszubringen, von dem wir hoffen, dass die meisten Leserinnen und Leser es freundlich und leicht zugänglich finden und es gerne lesen.

ÜBER DIE AUTORINNEN

CHERI HUBER ist seit über 30 Jahren Zen-Schülerin und -Lehrerin. Sie ist Autorin von 17 Büchern, u.a. »Nichts an dir ist verkehrt« und »Leiden ist deine Entscheidung«. Sie gründete ein Zentrum für zen-buddhistische Meditation in Mountain View, Kalifornien, und das Zen Monastery Peace Center in Murphys, Kalifornien. Sie leitet Retreats und Workshops in den Vereinigten Staaten und anderen Ländern. Mit Living Compassion, einer nicht profitorientierten Organisation mit dem Ziel, eine bewusstere, mitfühlendere Welt zu schaffen, arbeitet sie daran, bedürftige Kinder in Afrika zu unterstützen, und leitet ein Projekt zur Gründung eines internationalen Friedenszentrums in Assisi.

MELINDA GUYOL ist zugelassene Ehe- und Familientherapeutin und gehört zu den langjährigen Praktizierenden im Zen Monastery Peace Center. Als sie vor über 25 Jahren anfing, Achtsamkeit zu praktizieren und eine Ausbildung als Psychotherapeutin zu machen, stellte sie fest, dass es zwischen westlicher Psychologie und Zen-Buddhismus natürliche Parallelen gibt. Zusätzlich zu ihrer Schulung im Kloster leitet sie dort »Nichts an dir ist verkehrt«-Retreats und hat eine kleine eigene psychotherapeutische Praxis in Murphys.

Aktuelle Termine für Workshops und Retreats mit Cheri Huber sowie weitere Informationen erhalten Sie hier:

Website: www.livingcompassion.org
Mail: information@livingcompassion.org

Zen Monastery Peace Center
P.O. Box 1979
Murphys, CA 95247
USA
Telefon: 001/209/728 08 60
Fax: 001/209/728 08 05